Impressum
Verlag: BABADADA GmbH, Nedderfeld 112 , 22529 Hamburg
Geschäftsführer / Verlagsleitung: Harald Hof
Druck: Books on Demand GmbH, In de Tarpen 42, 22848 Norderstedt

Imprint
Publisher: BABADADA GmbH, Nedderfeld 112 , 22529 Hamburg, Germany
Managing Director / Publishing direction: Harald Hof
Print: Books on Demand GmbH, In de Tarpen 42, 22848 Norderstedt, Germany

школа

اسکول

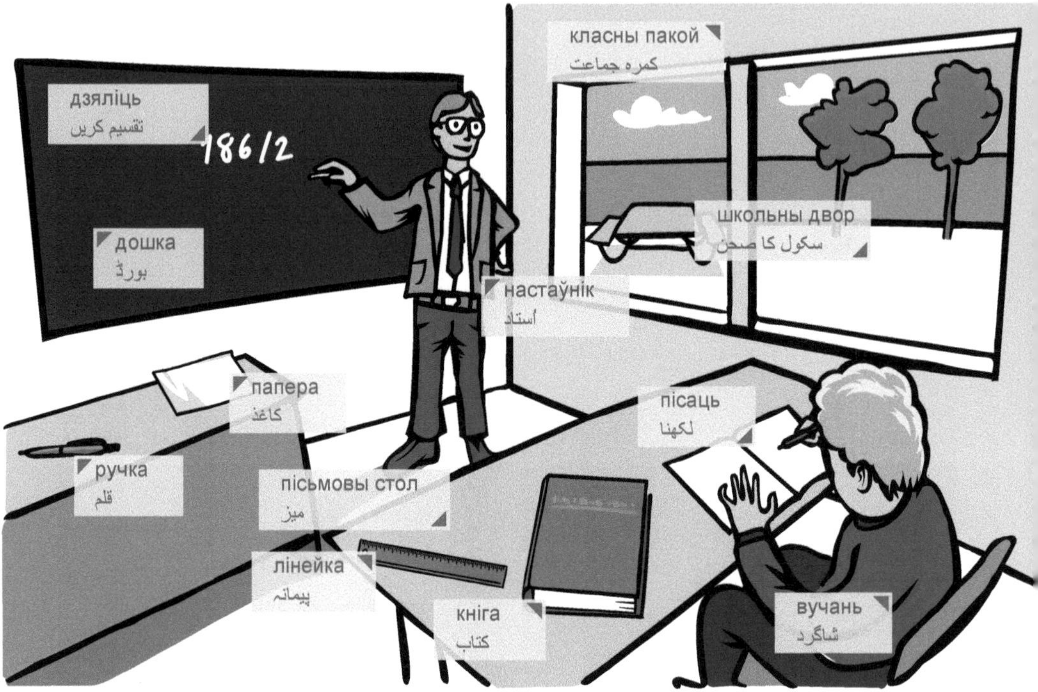
класны пакой
کمرہ جماعت
дзяліць
تقسیم کریں
186/2
дошка
بورڈ
настаўнік
اُستاد
школьны двор
سکول کا صحن
папера
کاغذ
пісаць
لکھنا
ручка
قلم
пісьмовы стол
میز
лінейка
پیمانہ
кніга
کتاب
вучань
شاگرد

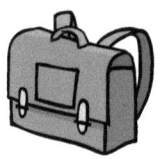

ранец

بستہ

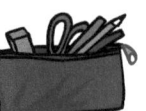

пенал

پینسل کیس

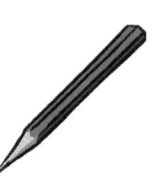

просты аловак

پینسل

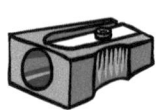

тачылка для алоўкаў

پینسل شارپنر

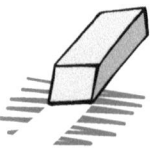

гумка

ربڑ

альбом для малявання

ڈرائنگ پیڈ

малюнак

ڈرائنگ

пэндзлік

پینٹ برش

фарбы

پینٹ باکس

нажніцы

قینچی

клей

گوند

сшытак

مشق کی کاپی

хатняе заданне

ہوم ورک

12

лік

ہندسہ

2+2

дадаваць

جمع کریں

5-2

адымаць

منفی کریں

2×2

множыць

ضرب دیں

лічыць

شمار کریں

A

літара

خط

ABCDEFG HIJKLMN OPQRSTU VWXYZ

алфавіт

حروف تہجی

hello

слова

لفظ

тэкст

متن

чытаць

پڑھنا

крэйда

چاک

ўрок

سبق

класны журнал

اندراج

экзамен

امتحان

атэстат

سند

школьная форма

سکول یونیفارم

адукацыя

تعلیم

энцыклапедыя

انسائیکلوپیڈیا

універсітэт

یونیورسٹی

мікраскоп

خورد بین

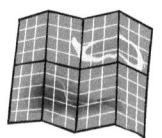

карта

نقشہ

смеццевы кошык

ویسٹ پیپر باسکٹ

гатэль
ہوٹل

хостэл
ہاسٹل

абменны пункт
رقم تبدیل کرانے کیلئے دفتر

чамадан
سوٹ کیس

аўтамабіль
کار

мова زبان	**так / не** ہاں / نہیں	**добра** ٹھیک ہے

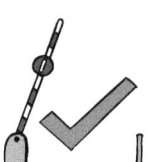

мова
زبان

так / не
ہاں / نہیں

добра
ٹھیک ہے

прывітанне!
ہیلو

перакладчык
مُترجم

дзякуй
شُکریہ

Колькі каштуе....?

۔۔۔ کی کیا قیمت ہے؟

я не разумею

میں نہیں سمجھتا

праблема

مشکل

Добры вечар!

شام بخیر!

Добрай раніцы!

صبح بخیر!

Дабранач!

شب بخیر!

да пабачэння

الوداع

кірунак

سمت

багаж

سفری سامان

сумка

بیگ

заплечнік

بیگ پیک

госць

مہمان

пакой

کمرہ

спальны мяшок

سلیپنگ بیگ

палатка

ٹینٹ

інфармацыя для турыстаў

سياحوں کے لئے معلومات

пляж

ساحل

крэдытная картка

کریڈٹ کارڈ

снеданне

ناشتہ

абед

لنچ

вячэра

ڈنر

праязны білет

ٹکٹ

ліфт

لفٹ

паштовая марка

مُہر

мяжа

سرحد

мытня

کسٹمز

пасольства

سفارت خانہ

віза

ویزا

пашпарт

پاسپورٹ

транспарт

نقل وحمل

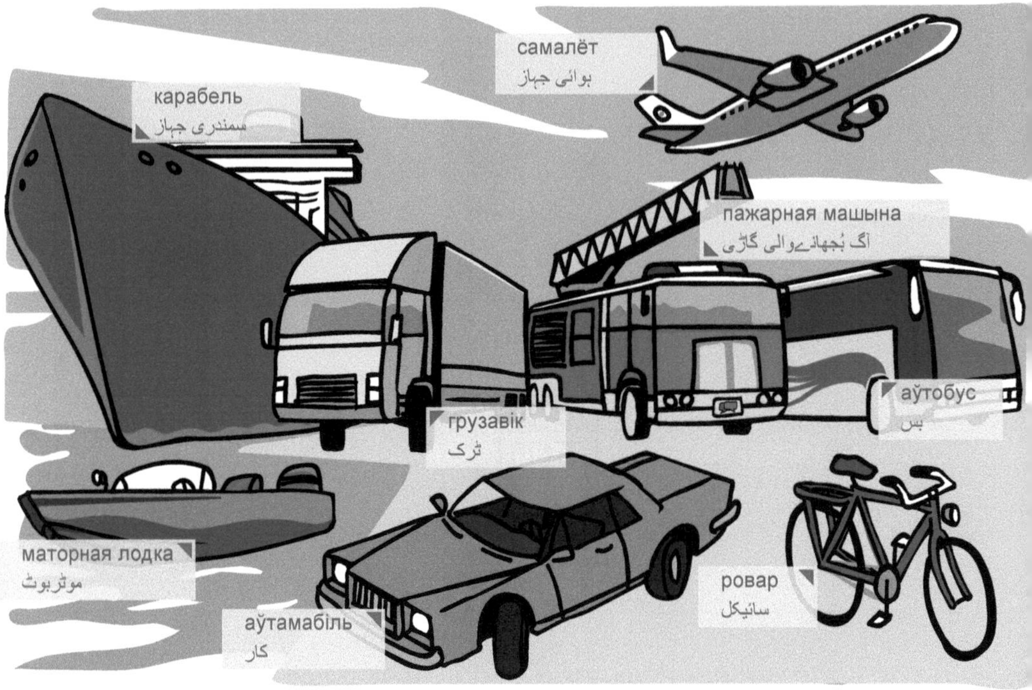

самалёт
ہوائی جہاز
карабель
سمندری جہاز
пажарная машына
آگ بُجھانےوالی گاڑی
аўтобус
بس
грузавік
ٹرک
маторная лодка
موٹربوٹ
ровар
سائیکل
аўтамабіль
کار

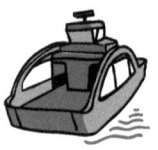

паром

فیری

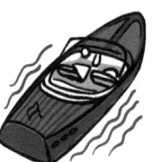

лодка

کشتی

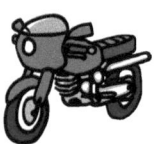

матацыкл

موٹرسائیکل

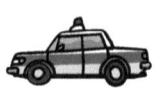

паліцэйская машына

پولیس کار

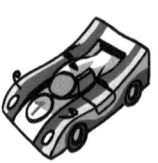

гоначны аўтамабіль

ریسنگ کار

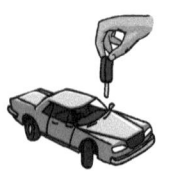

арэндаваны аўтамабіль

کرایہ پرکار

сумеснае карыстанне
аўтамабілем
....
کارکا اشتراک کرنا

эвакуатар
....
کھینچنے والا ٹرک

смеццявоз
....
کوڑے والا ٹرک

матор
....
کار

паліва
....
ایندھن

запраўка
....
پٹرول اسٹیشن

дарожны знак
....
ٹریفک کے نشانات

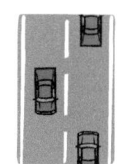

дарожны рух
....
ٹریفک

затор
....
ٹریفک جام

паркоўка
....
کارپارک

чыгуначная станцыя
....
ٹرین اسٹیشن

рэйкі
....
پٹڑیاں

цягнік
....
ٹرین

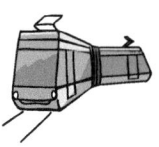

трамвай
....
ٹرام

вагон
....
ویگن

верталёт

بیلی کاپٹر

аэрапорт

انرپورٹ

вежа

ٹاور

пасажыр

مسافر

кантэйнер

کنٹینر

кардонная скрыня

ڈبہ

тачка

ریڑھا

карзіна

ٹوکری

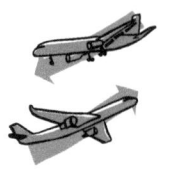

ўзлятаць / прызямляцца

اڑان بھرنا / زمین پر اترنا

горад

شہر

вёска

گاؤں

цэнтр горада

سٹی سنٹر

дом

مکان

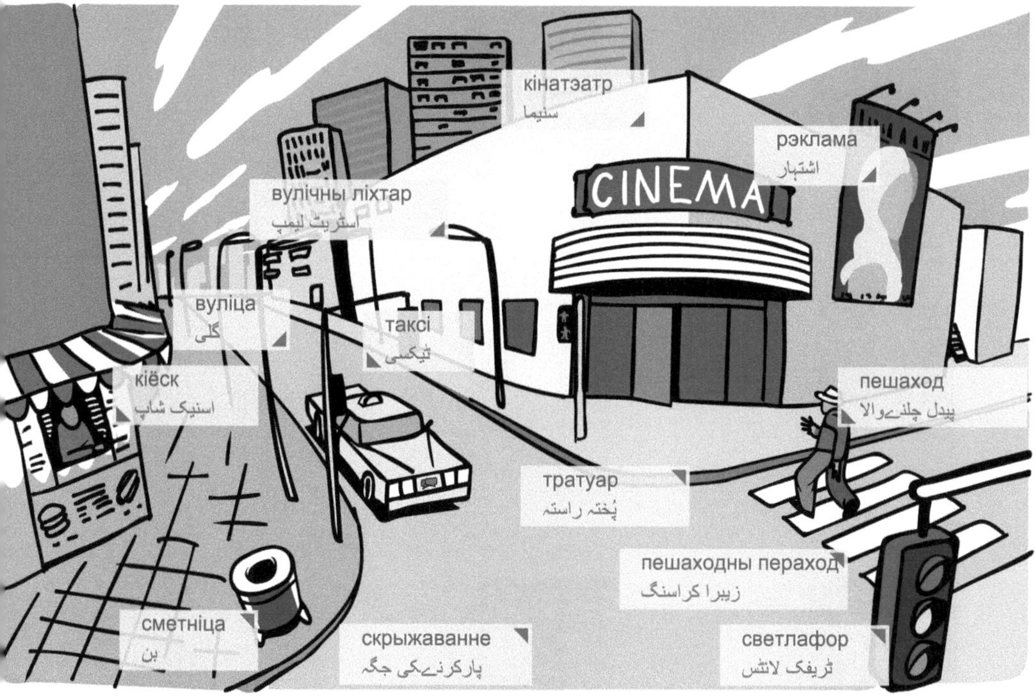

кінатэатр
سنیما

рэклама
اشتہار

вулічны ліхтар
اسٹریٹ لیمپ

CINEMA

вуліца
گلی

таксі
ٹیکسی

кіёск
اسنیک شاپ

пешаход
پیدل چلنےوالا

тратуар
پُختہ راستہ

пешаходны пераход
زیبرا کراسنگ

сметніца
بن

скрыжаванне
پارکرنےکی جگہ

светлафор
ٹریفک لائٹس

халупа

جھٹ

кватэра

فلیٹ

чыгуначная станцыя

ٹرین اسٹیشن

ратуша

ٹاؤن ہال

музей

عجائب گھر

школа

اسکول

універсітэт

یونیورسٹی

банк

بینک

шпіталь

ہسپتال

гатэль

ہوٹل

аптэка

فارمیسی

офіс

دفتر

кнігарня

کتابوں کی دکان

крама

دکان

кветкавая крама

پھولوں کی دکان

супермаркет

سُپرمارکیٹ

кірмаш

مارکیٹ

універмаг

ڈیپارٹمنٹ سٹور

рыбная крама

مچھلی کی دُکان

гандлевы цэнтр

شاپنگ سنٹر

порт

بندرگاہ

парк

پارک

лава

بنچ

мост

پُل

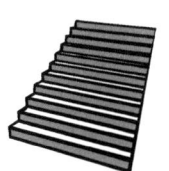

лесвіца

سیڑھیاں

метро

انڈرگراؤنڈ

тунэль

سرنگ

прыпынак

بس اسٹاپ

бар

شراب خانہ

рэстаран

ریسٹورنٹ

паштовая скрыня

پوسٹ باکس

вулічны паказальнік

اسٹریٹ سائن

паркамат

پارکنگ میٹر

заапарк

چڑیا گھر

басейн

سونمنگ پول

мячэць

مسجد

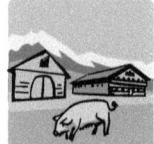

сядзіба

کھیت

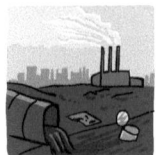

забруджванне навакольнага асяроддзя

آلودگی

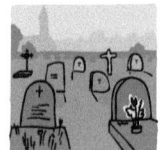

могілкі

قبرستان

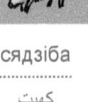

царква

چرچ

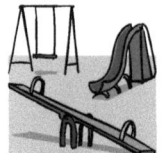

пляцоўка для гульні

کھیل کا میدان

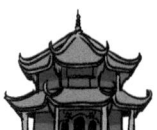

храм

مندر

краявід

منظر

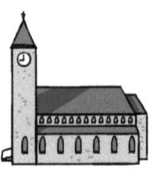

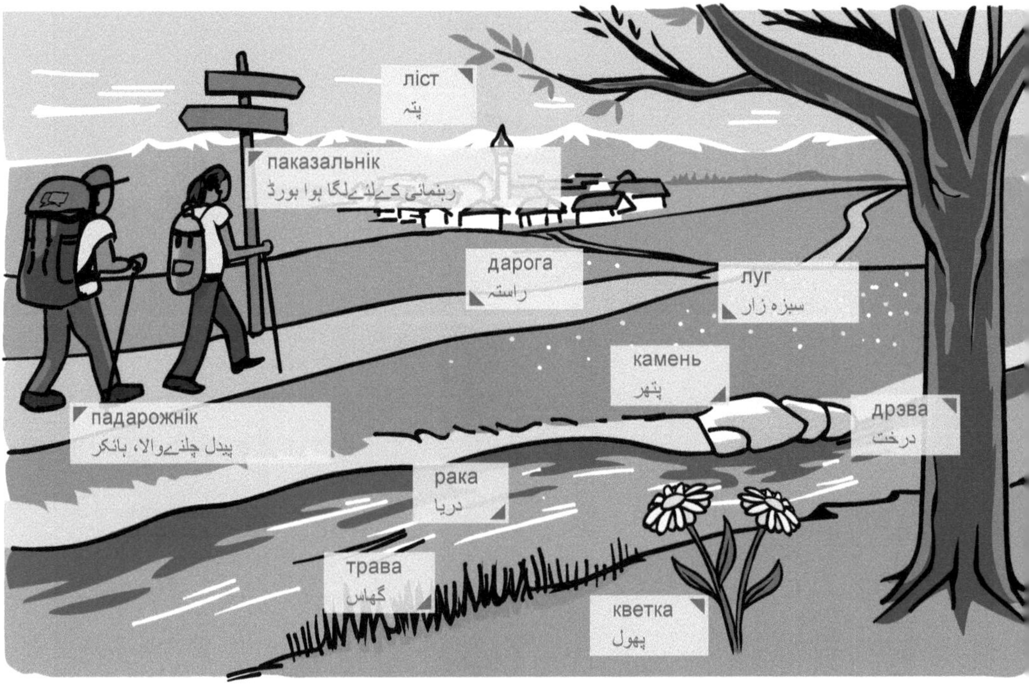

ліст
پتہ
паказальнік
رہنمائی کے لئے لگا ہوا بورڈ
дарога
راستہ
луг
سبزہ زار
камень
پتھر
падарожнік
پیدل چلنے والا، ہائکر
дрэва
درخت
рака
دریا
трава
گھاس
кветка
پھول

даліна

وادی

гара

پہاڑی

возера

جھیل

лес

جنگل

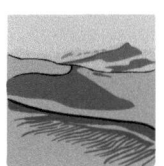

пустыня

صحرا

вулкан

آتش فشاں

замак

قلعہ

вясёлка

قوس قزح

грыб

کھمبی

пальма

کجھورکا درخت

камар

مچھر

муха

مکھی

мурашка

چیونٹی

пчала

مکھی

павук

مکڑا

жук

بھونرا

жаба

مینڈک

вавёрка

گلہری

вожык

خارپُشت

заяц

خرگوش

сава

اُلو

птушка

پرندہ

лебедзь

راج ہنس

дзік

سُور

алень

ہرن

лось

امریکی بارہ سنگھا

плаціна

ڈیم

вятрак

ہوا سے چلنے والی ٹربائنین

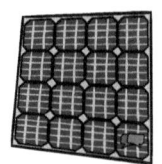

сонечная батарэя

سولرپینل

клімат

آب وہوا

рэстаран

ریسٹورنٹ

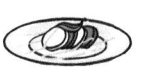

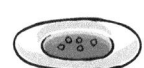

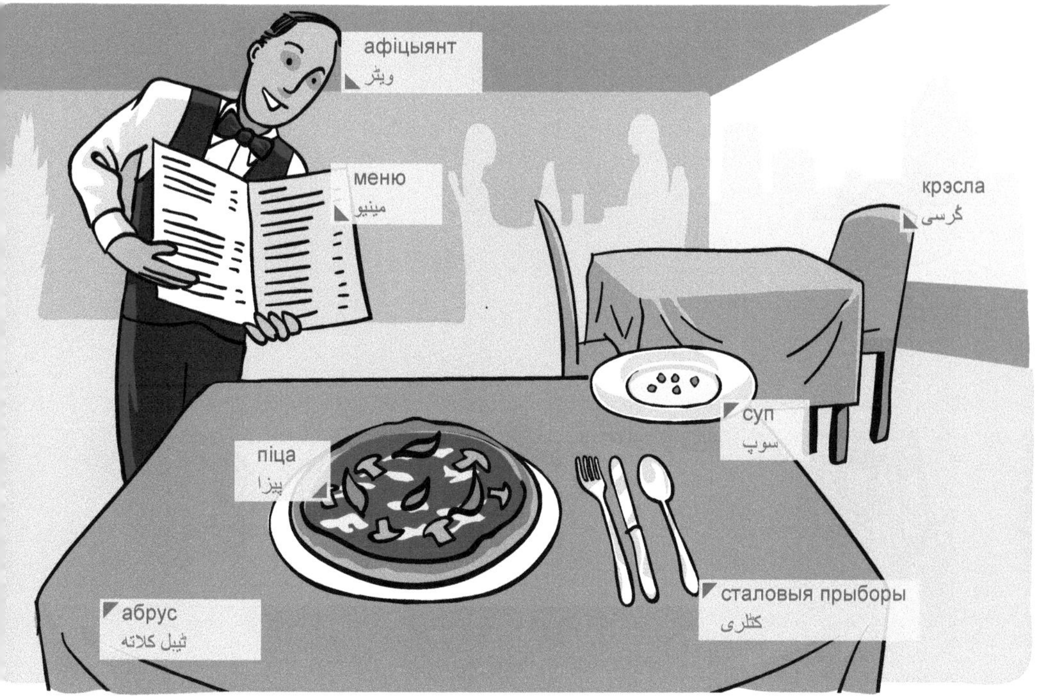

афіцыянт
ویٹر
меню
مینیو
крэсла
کُرسی
суп
سوپ
піца
پیزا
абрус
ٹیبل کلاتھ
сталовыя прыборы
کٹلری

закуска

استارٹر

другая страва

مین کورس

дэсерт

ڈیزرٹ

напоі

مشروبات

ежа

کھانے کی اشیاء

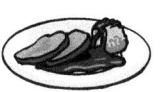

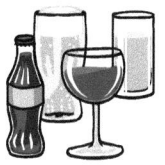

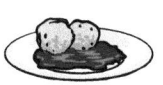

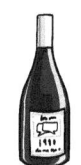

бутэлька

بوتل

хуткае харчаванне (фаст-фуд)

....

فاسٹ فوڈ

стрыт-фуд

....

اسٹریٹ فوڈ

імбрык (чайнік)

....

چائےدانی

цукарніца

....

شوگرباکس

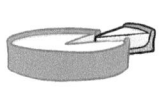

порцыя

....

حصہ

эспрэса-машына

....

ایسپریسو مشین

дзіцячае крэселка

....

اونچی کرسی

рахунак

....

بل

паднос

....

ٹرے

нож

....

چھُری

відэлец

....

کانٹا

лыжка

....

چمچ

чайная лыжка

....

چائےکا چمچ

сурвэтка

....

سرویئٹی

шклянка

....

شیشہ

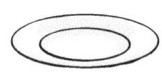

талерка

پلیٹ

супавая талерка

سوپ پلیٹ

сподак

طشتری

соус

چٹنی

сальніца

سالٹ شیکر

млынок для перцу

پیپرمل

воцат

سرکہ

алей

خوردنی تیل

спецыі

مصالحے

кетчуп

کیچپ

гарчыца

سرسوں

маянэз

مینونیز

супермаркет

سُپرمارکیٹ

акцыя
خصوصی پیشکش
FOR
пакупнік
گاہک
малочныя прадукты
ڈیری
садавіна
پھل
вазок
ٹرالی

BUTCHERS

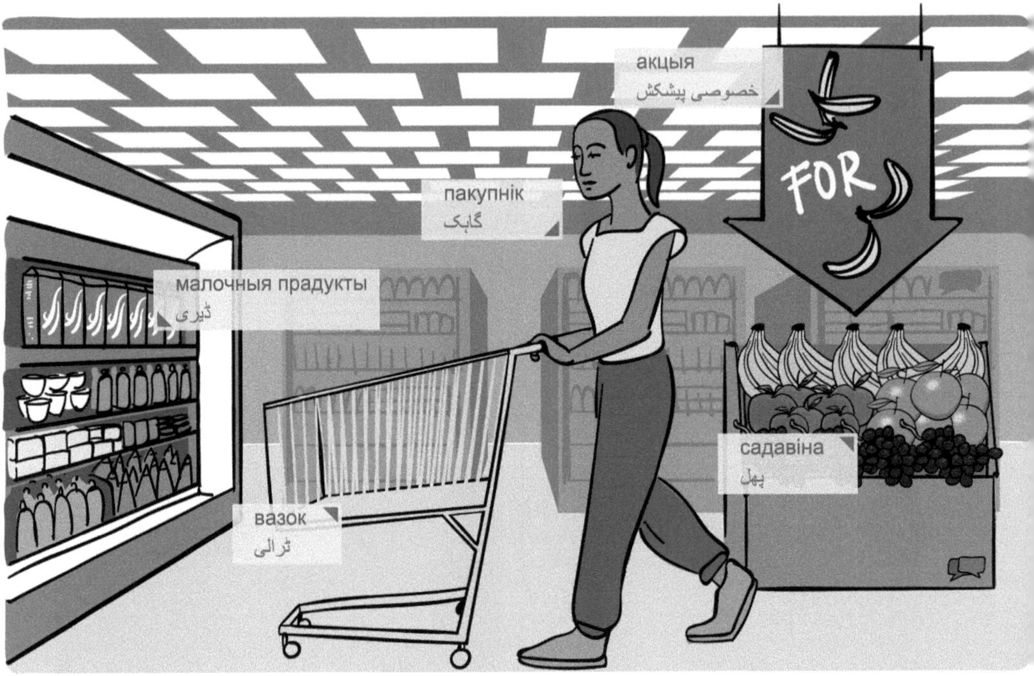

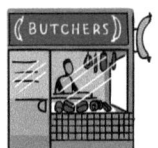

мясная крама

گوشت کی دُکان

BAKERY

хлебны магазін

بیکری

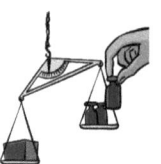

важыць

وزن کرنا

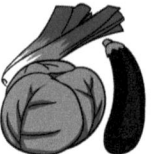

гародніна

سبزیاں

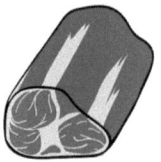

мяса

گوشت

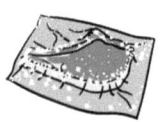

свежазамарожаныя прадукты

جما ہوا کھانا

нарэзка

کولڈ کٹس

кансервы

ڈبےمیں بند کھانا

пральны парашок

واشنگ پاؤڈر

прысмакі

مٹھائیاں

хатнія прылады

گھریلو مصنوعات

чысцячы сродак

صاف کرنے کیلئے مصنوعات

прадавец

سیلزپرسن

каса

کیش رجسٹر

касір

کیشئیر

спіс пакупак

خریداری کی فہرست

гадзіны працы

اوقات کار

бумажнік

بٹوہ

крэдытная картка

کریڈٹ کارڈ

сумка

تھیلا

пакет

پلاسٹک کے تھیلے

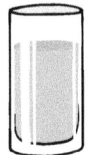

вада

پانی

сок

جوس، رس

малако

دودھ

кола

کوک

віно

وائن

піва

بیئر

алкаголь

الکوحل

какава

کوکوآ

гарбата (чай)

چائے

кава

کافی

эспрэса

ایسپریسو

капучына

کپاچینو

банан

کیلا

яблык

سیب

апельсін

مالٹا

дыня

خربوزہ

лімон

لیموں

морква

گاجر

часнок

لہسن

бамбук

بانس

цыбуля

پیاز

грыб

کھمبی

арэхі

اخروٹ، بادام وغیرہ

локшына

نوڈلز

спагеці

اسپیگیٹی

рыс

چاول

салата

سلاد

бульба фры

چپس

смажаная бульба

تلے گئے آلو

піца

پیزا

гамбургер

ہیم برگر

бутэрброд

سینڈوچ

шніцаль

کٹلیٹ

вяндліна

سؤرکی ران کا گوشت

салямі

گوشت کی اطالوی ساسیج

каўбаса

ساسیج

курыца

مُرغی

смажаніна

روسٹ

рыбак

مچھلی

کھانے کی اشیاء - ежа

аўсяныя камякі

جئی کا دلیہ

мюслі

میوزلی

кукурузныя шматкі

کارن فلیکس

мука

آٹا

круасан

کروئیسنٹ

булачка

بریڈ رول

хлеб

بریڈ

тост

ٹوسٹ

пячэнне

بسکٹ

масла

مکھن

тварог

دہی

пірог

کیک

яйка

انڈا

яечня

فرائی کیا گیا انڈہ

сыр

پنیر

марожанае

آئس کریم

цукар

چینی

мёд

شہد

варэнне

جام

нуга

ناؤگٹ کریم

кары

سالن

сядзіба

کھیت

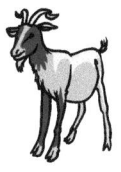

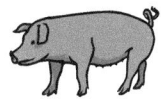

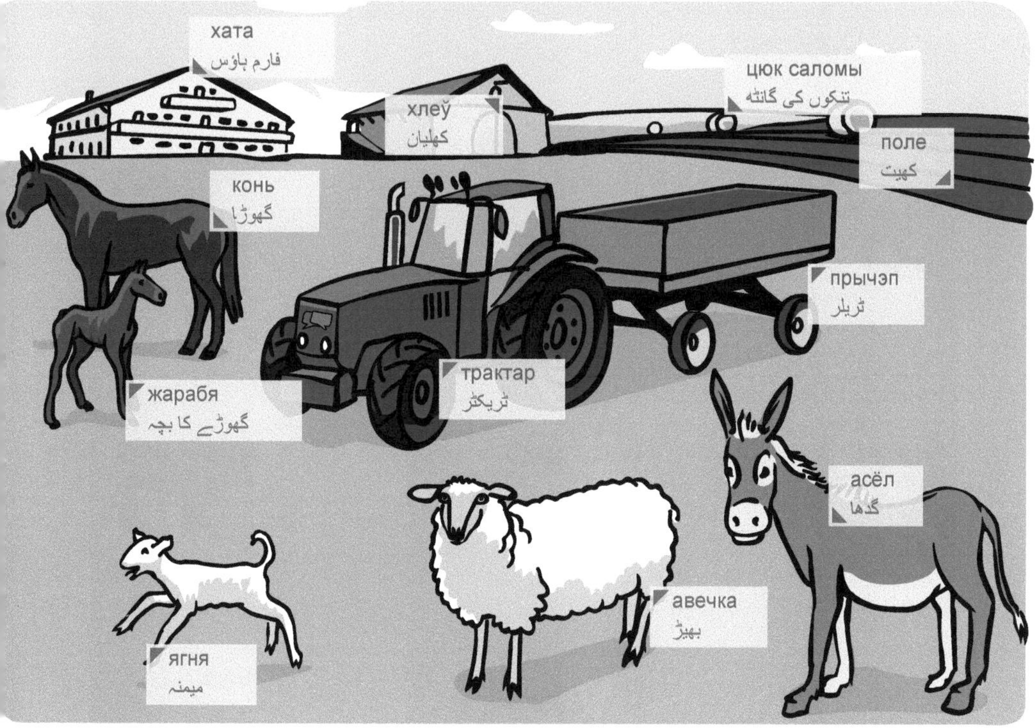

хата
فارم ہاؤس
цюк саломы
تنکوں کی گانٹھ
хлеў
کھلیان
поле
کھیت
конь
گھوڑا
прычэп
ٹریلر
трактар
ٹریکٹر
жарабя
گھوڑے کا بچہ
асёл
گدھا
авечка
بھیڑ
ягня
میمنہ

каза

بکری

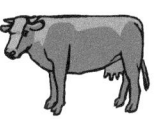

карова

گائے

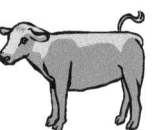

цяля

بچھڑا

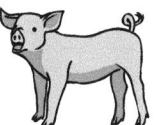

свіння

سؤر

парася

سؤر کا بچہ

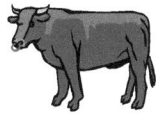

бык

سانڈ

гусак

راج ہنس

качка

بطخ

кураня

چوزہ

курыца

مُرغی

певень

مُرغا

пацук

چوہا

кот

بلی

мыш

چوہا

вол

بیل چھ

сабака

کُتا

сабачая будка

کُتے کا گھر

садовы шланг

گارڈن ہاؤس

палівачка

پانی کا کین

каса

درانتی

плуг

ہل

серп

درانتی

матыка

بیلچہ

вілы для гною

ترنگل

сякера

کلہاڑا

тачка

ہتھ گاڑی

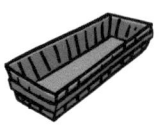

карыта

حوض

бітон для малака

دودھ کا کین

мех

تھیلا

плот

باڑ

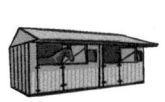

хлеў

اصطبل

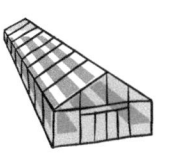

цяпліца

گرین ہاؤس

глеба

مٹی

насенне

بیج

угнаенне

فرٹیلائزر

камбайн

کمبائن ہارویسٹر

збіраць ураджай

فصل کاٹنا

ураджай

فصل کاٹنا

ямс

افریقی آلو

пшаніца

گندم

соя

سویا

бульба

آلو

кукуруза

مکئی

рапс

توریا کا تیل

садовае дрэва

پھلداردرخت

маніёк

کساوا

збожжа

دلیہ

ДОМ

مکان

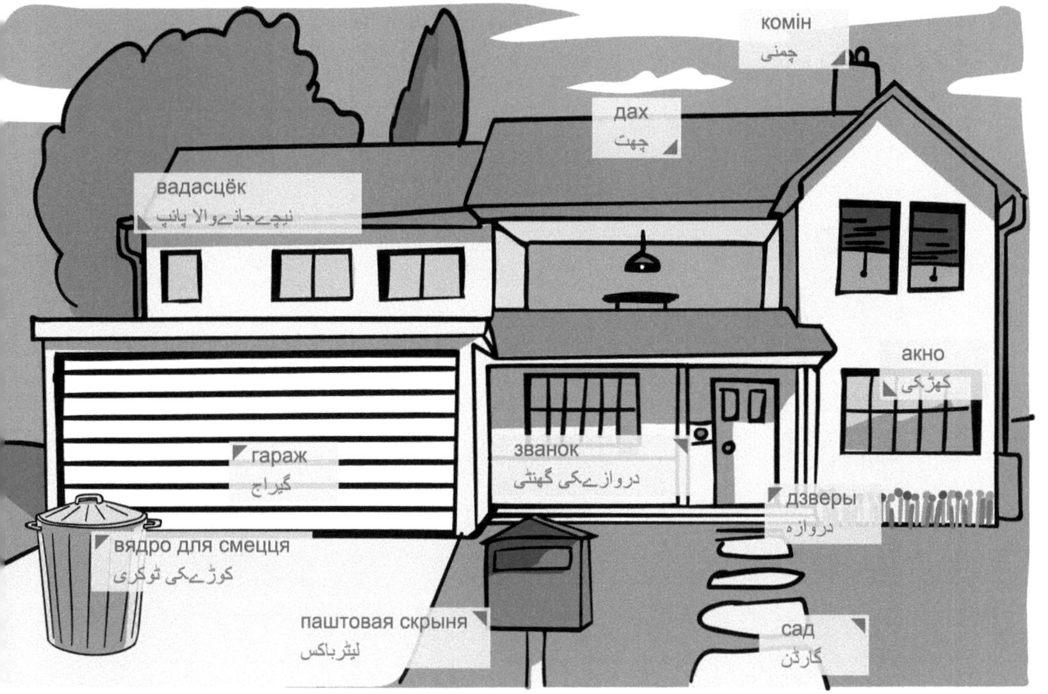
комін
چمنی
дах
چھت
вадасцёк
نیچے جانے والا پائپ
акно
کھڑکی
гараж
گیراج
званок
دروازے کی گھنٹی
дзверы
دروازہ
вядро для смецця
کوڑے کی ٹوکری
паштовая скрыня
لیٹر باکس
сад
گارڈن

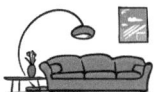

жылы пакой

لوونگ روم

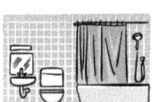

ванная

غُسل خانہ

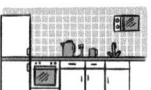

кухня

باورچی خانہ

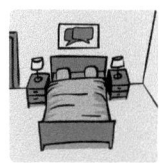

спальны пакой

بیڈروم

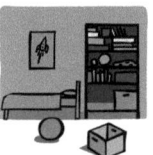

дзіцячы пакой

بچوں کا کمرہ

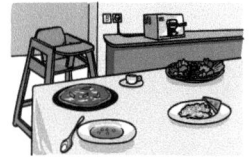

сталоўка

کھانے کا کمرہ

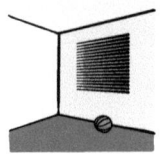

падлога

فرش

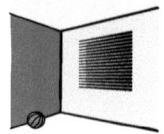

сцяна

دیوار

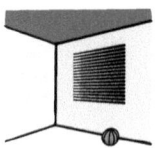

столь

چھت

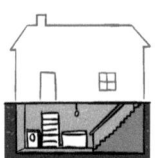

падвал

تہ خانہ

саўна

سوانا

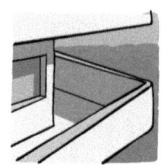

балкон

بالکونی

тэраса

ٹیریس

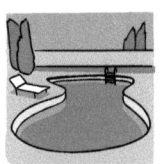

басейн

پول

касілка

گھاس کاٹنے کی مشین

падкоўдранік

چادر

коўдра

چادر

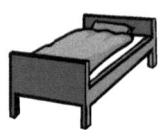

ложак

بستر

венік

جھاڑو

вядро

بالٹی

выключальнік

سوئچ

жылы пакой

لوونگ روم

шпалеры
وال پیپر
малюнак
تصویر
лямпа
لیمپ
паліца
شیلف
шафа
الماری
тэлевізар
ٹیلی ویژن
камін
آتش دان
кветка
پھول
падушка
کُشن
канапа
صوفہ
ваза
گلدان
пульт
ریموٹ کنٹرول

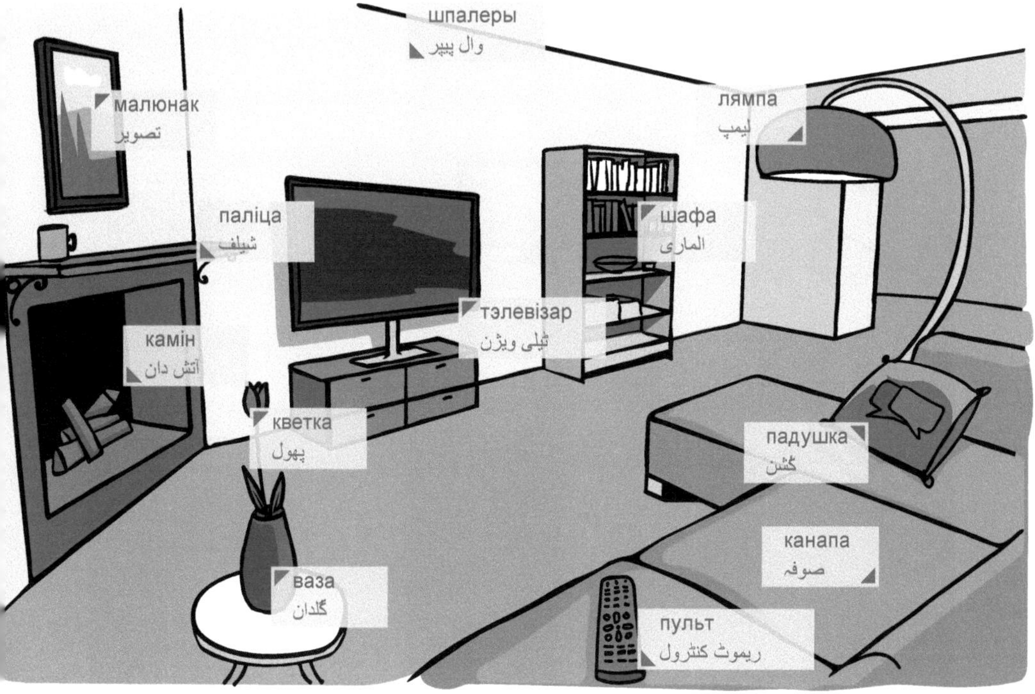

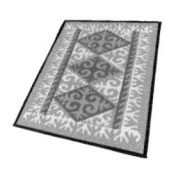

дыван

قالین

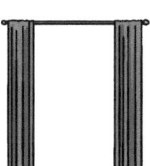

фіранка

پردے

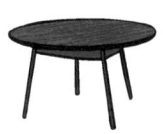

стол

میز

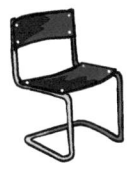

крэсла

کُرسی

крэсла-качалка

ہلنےوالی کُرسی

крэсла

آرام کُرسی

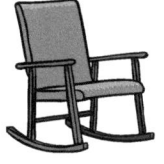

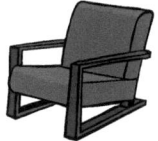

кніга

كتاب

коўдра

كمبل

дэкарацыя

آرائش

дровы

جلانےكى لكڑی

кіно

فلم

стэрэасістэма

ہائی فائی

ключ

چابی

газета

اخبار

карціна

پینٹنگ

постар

پوسٹر

радыё

ریڈیو

нататнік

نوٹ بُک

пыласос

ویکیوم کلینر

кактус

کیکٹس

свечка

موم بتی

кухня

باورچی خانہ

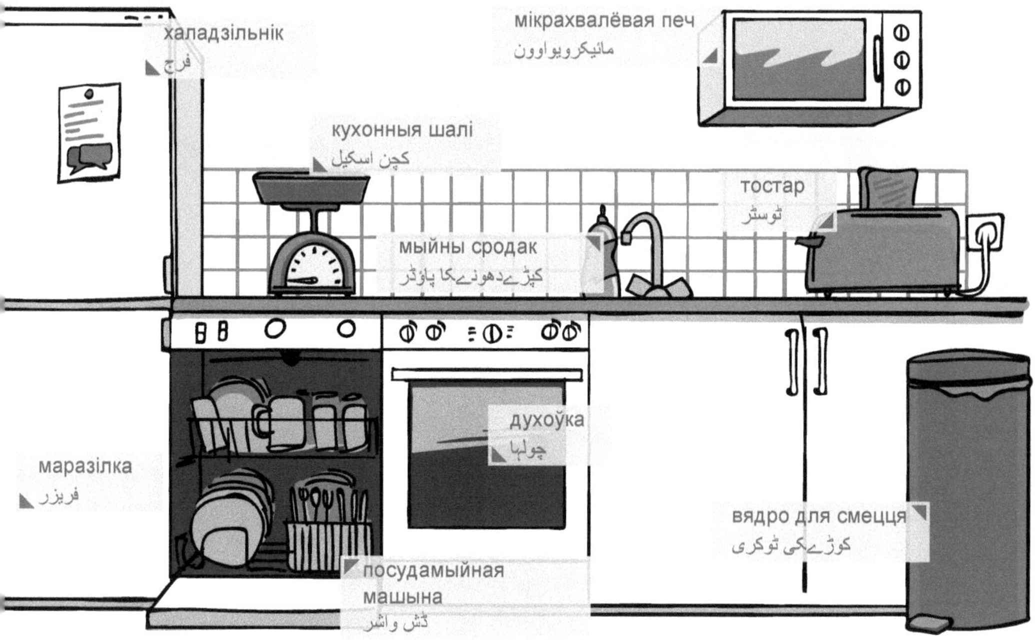

халадзільнік
فرج
мікрахвалёвая печ
مائیکرویواوون
кухонныя шалі
کچن اسکیل
тостар
ٹوسٹر
мыйны сродак
کپڑے دھونے کا پاؤڈر
духоўка
چولہا
маразілка
فریزر
вядро для смецця
کوڑے کی ٹوکری
посудамыйная машына
ڈش واشر

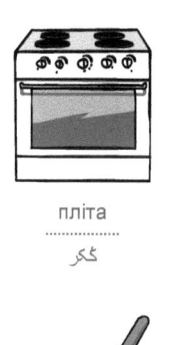

пліта

ڈکر

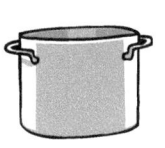

рондаль

برتن

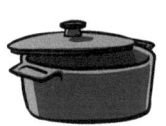

чыгунок

لوہے کا برتن

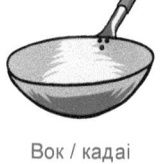

Вок / кадаі

کڑاہی

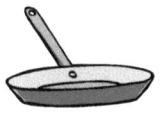

патэльня

برتن

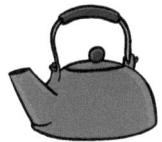

чайнік

کیتلی

параварка

اسٹیمر

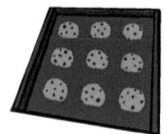

бляха

بیکنگ ٹرے

посуд

کراکری

кубак

مگ

міска

پیالہ

палачкі для ежы

چاپ اسٹکس

чарпак

ڈونی

лапатачка

کفچہ

збівалка

جھاڑودینا

сіта для варэння

مقطر

сіта

چھلنی

тарка

گریٹر

ступка

کونڈی

грыль

باربی کیو

вогнішча

کھُلی آگ

дошка

چاپنگ بورڈ

качалка

بیلن

штопар

کارک اسکریو

бляшанка

کین

адкрывалка

کین اوپنر

прыхваткі

برتن پکڑنےوالا کپڑا

ракавіна

سنک

шчотка

برش

губка

اسپونج

міксер

بلینڈر

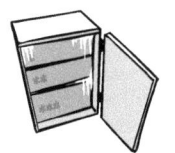

маразільная камера

ڈیپ فریز

бутэлечка

بچےکی بوتل

вадаправодны кран

ٹوٹنی

ванная

غُسل خانہ

ручніковы сушыцель
بیٹنگ
ручнік
تولیہ
душ
شاور
штора для душа
شاورکرٹن
пенная ванна
ببل باتھ
ванна
باتھ ٹب
шклянка
شیشہ
мыйная машына
واشنگ مشین
вадаправодны кран
ٹونٹی
плітка
ٹائلیں
начны гаршчок
پاٹی
ракавіна
سنک

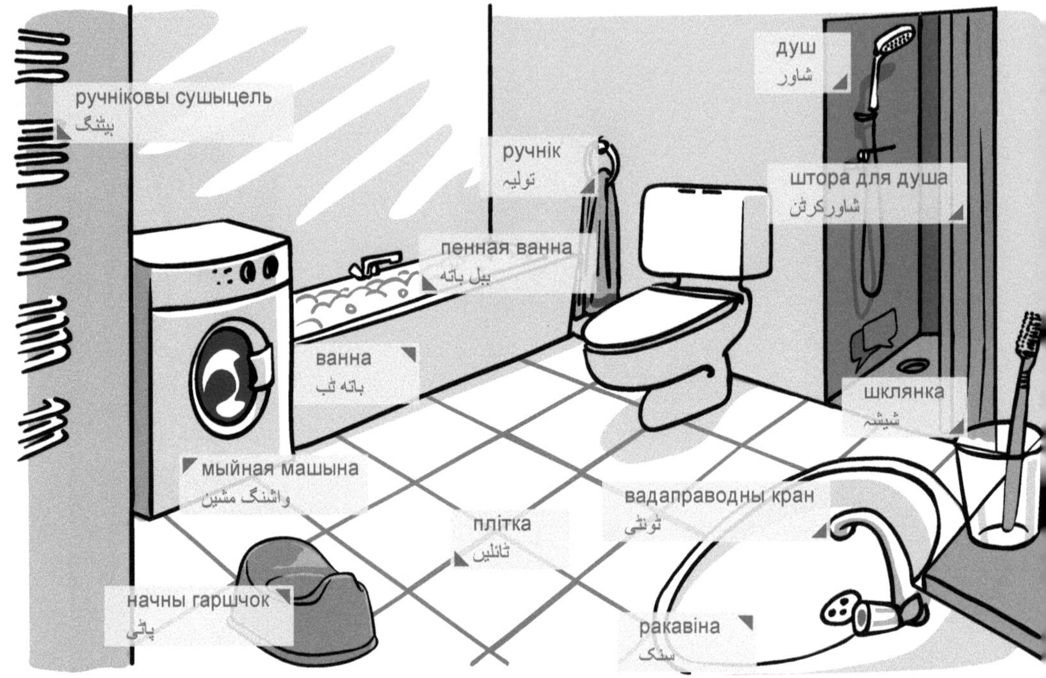

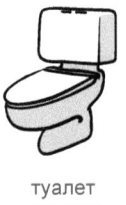

туалет

ٹائلٹ

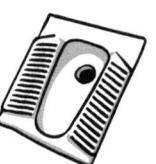

падлогавы ўнітаз

دوزانوں بیٹھنےوالی ٹائلٹ

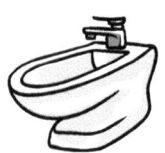

бідэ

نچلاحصہ دھونےکیلئےپاٹ

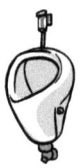

пісуар

پیشاب گاہ

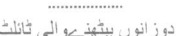

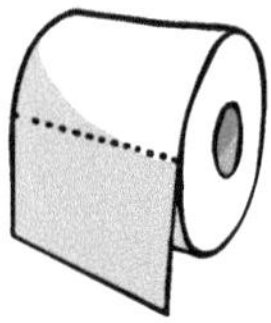

туалетная папера

ٹائلٹ پیپر

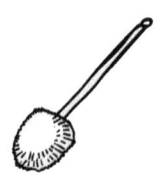

шчотка для чысткі ўнітаза

ٹائلٹ برش

зубная шчотка

ٹوتھ برش

зубная паста

ٹوتھ پیسٹ

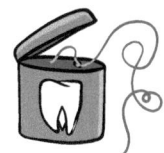

зубная нітка

ڈینٹل فلاس

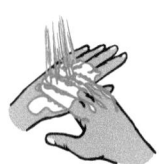

мыць

دھونا

ручны душ

ہینڈ شاور

інтымны душ

شاور

умывальнік

بیسن

шчотка для спіны

بیک برش

мыла

صابن

гель для душа

شاورجل

шампунь

شیمپو

вяхотка

فلالین

вадасцёк

ڈرین

крэм

کریم

дэзадарант

ڈیوڈورنٹ

люстэрка

آئینہ

касметычнае люстэрка

باتھ میں پکڑا جانےوالا آئینہ

станок для галення

ریزر

пена для галення

شیونگ فوم

ласьён пасля галення

آفٹرشیو

грэбень

کنگھی

шчотка

برش

фен

ہیئرڈرائر

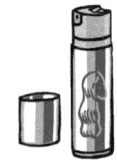

лак для валасоў

ہیئراسپرے

касметыка

میک اپ

памада

لپ اسٹک

лак для пазногцяў

نیل وارنش

вата

رونی

манікюрныя нажніцы

ناخن کاٹنےکی قینچی

духі

پرفیوم

касметычка

واش بيگ

табурэтка

پاخانہ

вагі

وزن کرنے کی مشین

лазневы халат

باتھ روب

санітарныя пальчаткі

ربڑ کے دستانے

тампон

ٹیمپون

гігіенічныя пракладкі

سینیٹری ٹاول

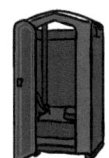

біятуалет

کیمیکل ٹائلٹ

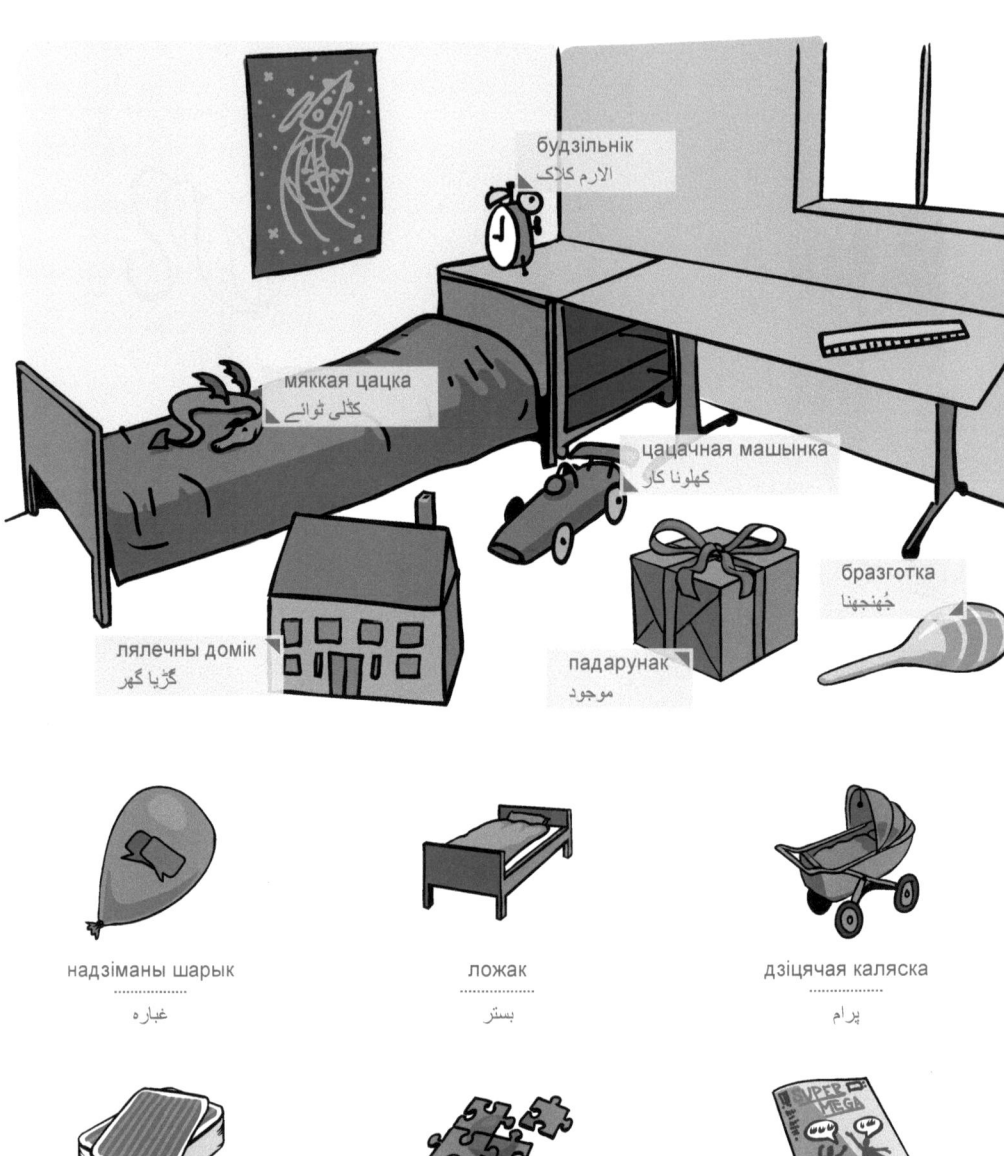

будзільнік
الارم کلاک

мяккая цацка
کھلی ٹوائے

цацачная машынка
کھلونا کار

лялечны домік
گڑيا گھر

падарунак
موجود

бразготка
جُھنجھنا

надзіманы шарык
غبارہ

ложак
بستر

дзіцячая каляска
پرام

калода картаў
ڈيک آف کارڈز

пазл
جگسا

комікс
کامک

канструктар "Лега"

ليگوبرکس

канструктар

کھلونا بلاکس

экшэн-фігурка

ایکشن فگر

дзіцячы гарнітур

بچّےکا لباس

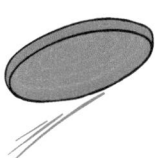

фрызбі

فرسبی

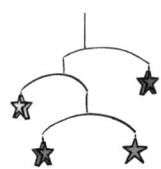

дзіцячы мабіль

کھلونا موبائل

настольная гульня

بورڈ گیم

кубік

ڈائس

дзіцячая чыгунка

ماڈل ٹرین سیٹ

пустышка

ڈمی

дзіцячае свята

پارٹی

кніга з малюнкамі

تصاویروالی کتاب

мячык

گیند

лялька

گڑیا

гуляцца

کھیلنا

пясочніца

سینڈ پٹ

арэлі

جھولا جھولنا

цацкі

کھلونے

гульнявая відэа прыстаўка

وڈیوگیم کنسول

трохколавы ровар

تین پہیوں والی سائیکل

плюшавы мішка

ٹیڈی بیئر

шафа

کپڑوں کی الماری

адзенне

لباس

шкарпэткі

موزے

панчохі

اسٹاکنگز

калготкі

ٹائٹس

шалік
اسکارف

парасон
چھتری

цішотка
ٹی شرٹ

рамень
بیلٹ

боты
بوٹ

пантоплі
سلیپر

красоўкі
اسنیکرز

сандалі
سینڈل

абутак
جوتے

гумовыя боты
ربڑکےبوٹس

трусы
زیرجامہ

бюстгальтар
بریزئیر

майка
واسکٹ

бодзі

جسم

штаны

پتلون

джынсы

جینز

спадніца

اسکرٹ

блузка

بلاؤز

кашуля

قمیص

джэмпер

پُل اوور

талстоўка

سویٹر

блэйзер

بلیزر

куртка

جیکٹ

паліто

کوٹ

дажджавік

رین کوٹ

касцюм

کوئی خاص لباس

сукенка

لباس

вясельная сукенка

شادی کا لباس

касцюм

سوٹ

начная сарочка

نائٹ گاؤن

піжама

پاجامہ

сары

ساڑھی

хустка

سرپرلیا جانےوالا اسکارف

цюрбан

پگڑی

паранджа

بُرقع

каптан

کفتان

Абая

عبایہ

купальнік

تیراکی کا سوٹ

плаўкі

ٹرنک

шорты

نیکر

спартыўны касцюм

ٹریک سوٹ

фартух

ایپرن

пальчаткі

دستانے

гузік

بٹن

акуляры

عینک

бранзалет

کنگن

каралі

ہار

кальцо

انگوٹھی

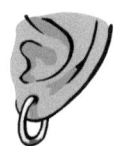

завушніца

کانوں کی بالیاں

кепка

ٹوپی

вешалка

کوٹ ہینگر

капялюш

ہیٹ

гальштук

ٹائی

маланка

زپ

шлем

ہیلمٹ

падцяжкі

بریسز

школьная форма

سکول یونیفارم

уніформа

وردی

нагруднік

بب

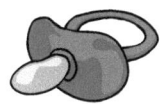

пустышка

ڈمی

падгузнік

نیپی

офіс

دفتر

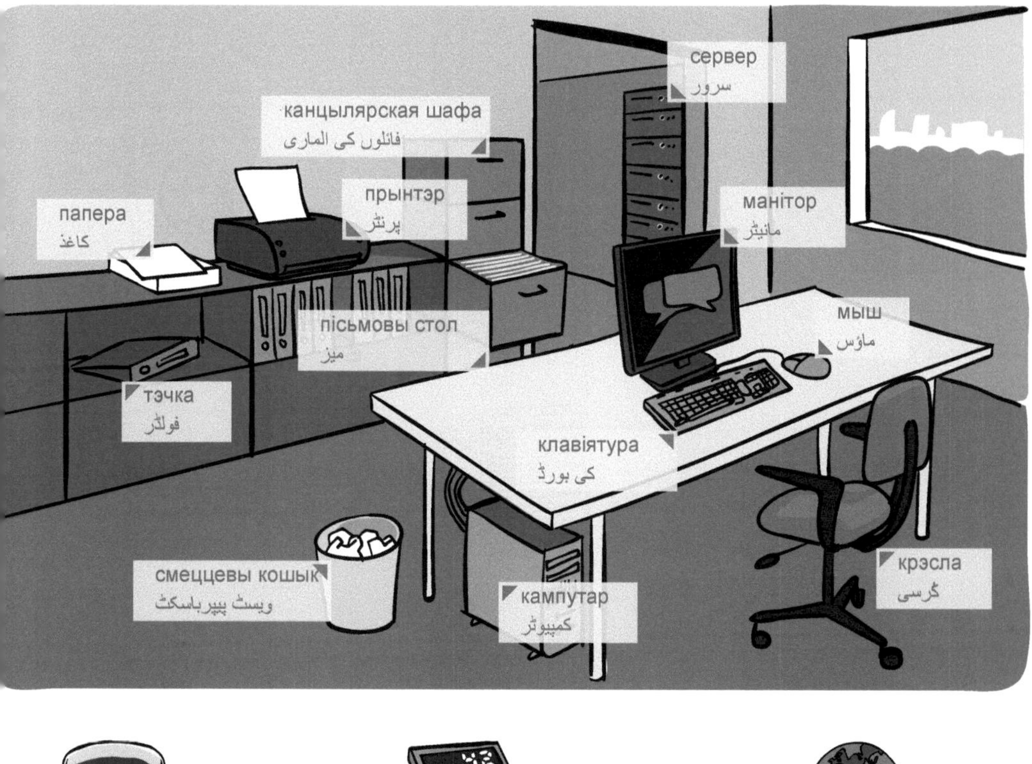

сервер

سرور

канцылярская шафа

فائلوں کی الماری

манітор

مانیٹر

папера

کاغذ

прынтэр

پرنٹر

пісьмовы стол

میز

мыш

ماؤس

тэчка

فولڈر

клавіятура

کی بورڈ

крэсла

کرسی

смеццевы кошык

ویسٹ پیپرباسکٹ

кампутар

کمپیوٹر

кубак для кавы (філіжанка)

کافی مگ

калькулятар

کیلکولیٹر

інтэрнэт

انٹرنیٹ

ноўтбук

لیپ ٹاپ

ліст

خط

паведамленне

پیغام

мабільны тэлефон

موبائل

сетка

نیٹ ورک

ксеракс

فوٹوکاپییر

праграмнае забеспячэнне

سافٹ ویئر

тэлефон

ٹیلی فون

разетка

پلگ ساکٹ

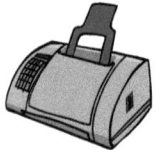

факс

فیکس مشین

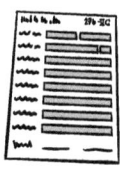

фармуляр

فارم

дакумент

دستاویز

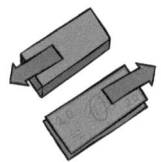

купляць

خریدنا

плаціць

ادائیگی کرنا

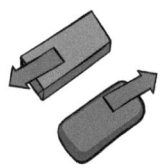

гандляваць

تجارت کرنا

грошы

رقم

долар

ڈالر

еўра

یورو

ена

ین

рубель

روبل

франк

سوئس فرانک

кітайскі юань

رینمنیبی یوآن

рупія

روپیہ

банкамат

کیش پوائنٹ

абменны пункт

رقم تبدیل کرانے کیلئے دفتر

золата

سونا

срэбра

چاندی

нафта

خام تیل

энергія

توانائی

цана

قیمت

кантракт

معاہدہ

падатак

ٹیکس

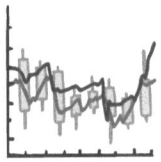

акцыя

اسٹاک

працаваць

کام کرنا

служачы

ملازم

працадаўца

اجر

фабрыка

فیکٹری

крама

دکان

паліцыянт
پولیس افسر

пажарны
فائرمین

кухар
خانساماں، کُک

доктар
ڈاکٹر

пілот
پائلٹ

садоўнік
مالی

слесар
ترکھان

швачка
درزن

суддзя
جج

хімік
کیمسٹ

артыст
اداکار

кіроўца аўтобуса

بس ڈرائیور

таксіст

ٹیکسی ڈرائیور

рыбак

مچھیرا

прыбіральшчыца

صفائی کرنےوالی عورت

страхар

چھت بنانےوالا

афіцыянт

ویٹر

паляўнічы

شکاری

мастак

پینٹر

пекар

بیکر

электрык

الیکٹریشن

будаўнік

بلڈر

інжынер

انجینیر

мяснік

قصائی

сантэхнік

پلمبر

паштальён

ڈاکیا

салдат

سپاہی

архітэктар

آرکیٹیکٹ

касір

کیشنیر

фларыст

پھول بیچنےوالا

цырульнік

نائی

кандуктар

کنڈکٹر

механік

مکینک

капітан

کپتان

стаматолаг

ڈینٹسٹ

вучоны

سائنسدان

рабін

یہودی عالم

імам

امام

манах

راہب

святар

پادری

x

прафесіі - پیشے

прафесіі - پیشے

55

інструменты

اوزار

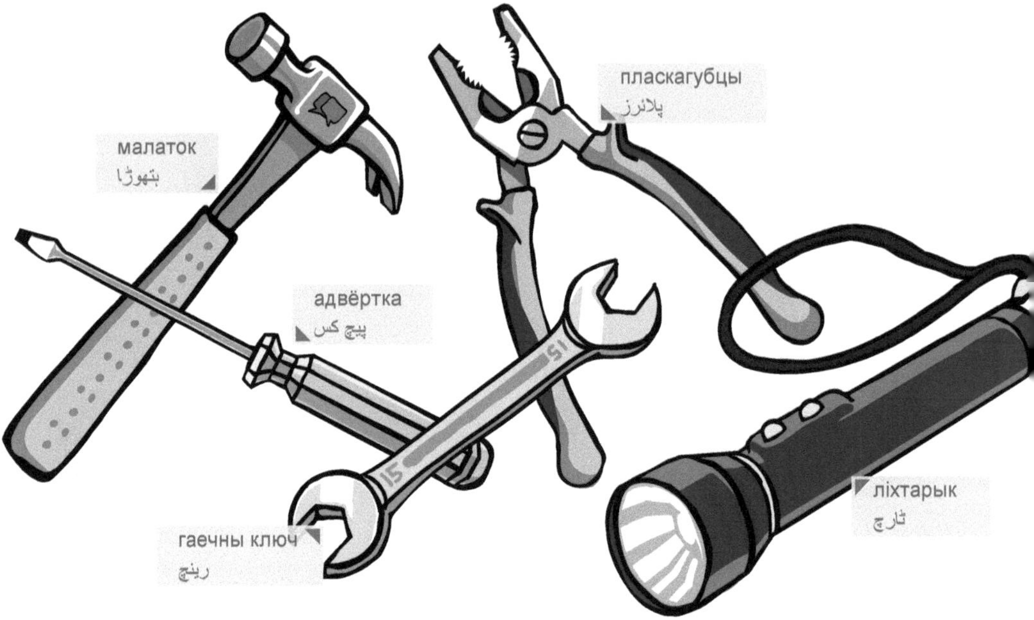

малаток
ہتھوڑا
пласкагубцы
پلائرز
адвёртка
پیچ کس
гаечны ключ
رینچ
ліхтарык
ٹارچ

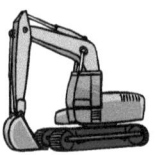

экскаватар

ایکسکویٹر

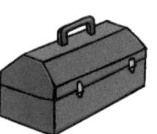

скрыня для інструментаў

ٹول باکس

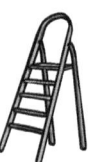

дравіны

سیڑھی

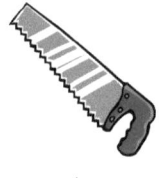

піла

آری

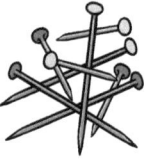

цвікі

کیل

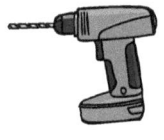

дрыль

ڈرل

рамантаваць

مرمت کرنا

رыдлеўка

بیلچہ

Халера!

لعنت ہو!

шуфлік для смецця

ٹسٹ پین

вядро з фарбаю

پینٹ پاٹ

балты

پیچ

музычныя інструменты

آلات موسیقی

калонкі

لاؤڈ اسپیکر

ударны інструмент

ڈرم سیٹ

гітара

گٹار

кантрабас

ڈبل باس

труба

بگل

піяніна

پیانو

скрыпка

وائلن

басгітара

موسیقی کی آواز

літаўры

ٹمپانی

барабан

ڈھول، ڈرمز

клавішны электрамузычны інструмент

کی بورڈ

саксафон

سیکسوفون

флейта

بانسری

мікрафон

مائیکروفون

заапарк

چڑیا گھر

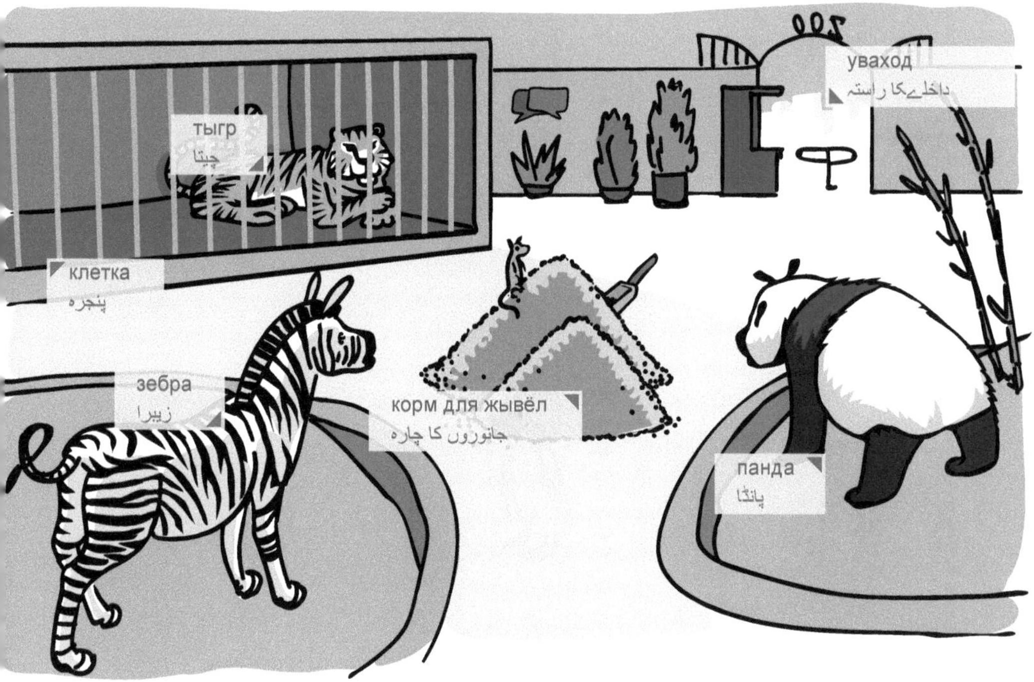

уваход
داخلے کا راستہ
тыгр
چیتا
клетка
پنجرہ
зебра
زیبرا
корм для жывёл
جانوروں کا چارہ
панда
پانڈا

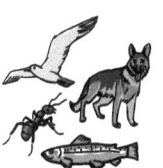

жывёлы

جانور

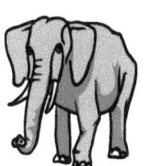

слон

ہاتھی

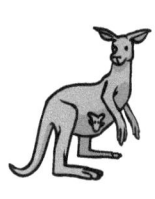

кенгуру

کینگرو

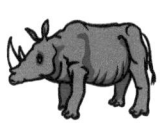

насарог

گینڈا

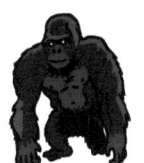

гарыла

گوریلا

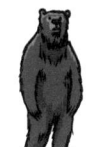

мядзведзь

ریچھ

вярблюд

اونٹ

стравус

شُتر مُرغ

леў

شیر

малпа

بندر

фламінга

فلیمنگو

папугай

طوطا

белы мядзведзь

قطبی ریچھ

пінгвін

کبوتر

акула

شارک

паўлін

مور

змяя

سانپ

кракадзіл

مگرمچھ

наглядчык заапарка

چڑیا گھر کا محافظ

цюлень

سیل

ягуар

امریکی تیندوا

поні

ٹٹو

леапард

چیتا

бегемот

دریائی گھوڑا

жыраф

زرافہ

арол

عقاب

дзік

سؤر

рыбак

مچھلی

чарапаха

کچھوا

морж

سمندری گھوڑا

ліса

لومڑی

газель

غزال برن

амерыканскі футбол
امريكن فٹ بال

веласпорт
سائیکلنگ

тэніс
ٹینس

баскетбол
باسکٹ بال

плаванне
پیراکی

бокс
باکسنگ

хакей з шайбай
آئس ہاکی

футбол
فٹ بال

бадмінтон
بیڈمنٹن

лёгкая атлетыка
اتھلیٹکس

гандбол
ہینڈ بال

горныя лыжы
اسکیننگ

пола
پولو

дзейнасць

سرگرمیاں

смяяцца
ہنسنا
скакаць
چھلانگ لگا
абдымаць
گلے لگانا
ісці
چلنا
спяваць
گانا
марыць
خواب دیکھنا
маліцца
دُعا کرنا
цалаваць
چُومنا

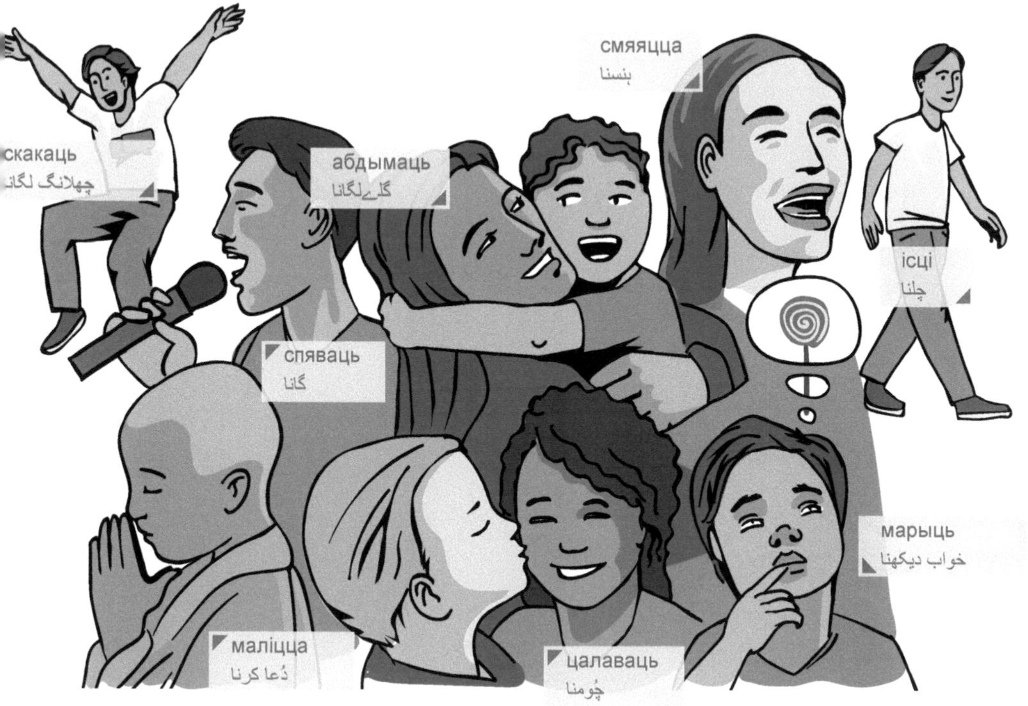

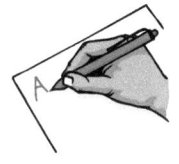

пісаць

لکھنا

маляваць

تصویرکشی کرنا

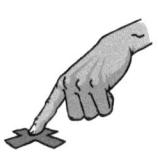

паказваць

دکھانا

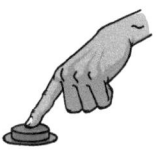

націснуць

آگےکی طرف دھکیلنا

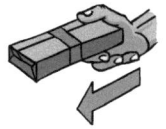

даваць

دینا

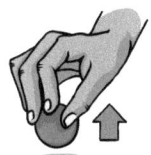

браць

لینا

маць

رکھنا

выконваць

کرنا

быць

ہونا

стаяць

کھڑا ہونا

бегчы

دوڑنا

цягнуць

کھینچنا

кідаць

پھینکنا

падаць

گرنا

ляжаць

جھوٹ بولنا

чакаць

انتظار کرنا

насіць

اٹھانا

сядзець

بیٹھنا

апранацца

ملبوس ہونا

спаць

سونا

прачынацца

جاگنا

глядзець

ديکھنا

плакаць

رونا

лашчыць

چوٹ لگانا

прычэсвацца

کنگھی کرنا

гаварыць

بات کرنا

разумець

سمجھنا

пытаць

پوچھنا

чуць

مُتوجہ ہونا

піць

پینا

есці

کھانا

прыбіраць

صاف کرنا

кахаць

پیارکرنا

гатаваць

پکانا

ехаць

گاڑی چلانا

лятаць

اڑنا

плаваць пад ветразем

بحری سفرکرنا

лічыць

شمارکریں

чытаць

پڑھنا

вучыць

سیکھنا

працаваць

کام کرنا

уступаць у шлюб

شادی کرنا

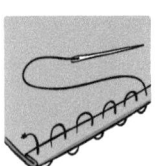

шыць

سینا

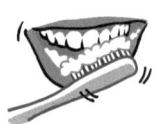

чысціць зубы

دانت صاف کرنا

забіваць

جان سےماردینا

курыць

تمباکونوشی کرنا

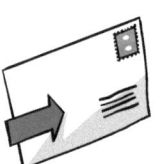

пасылаць

بھیجنا

сям'я

خاندان

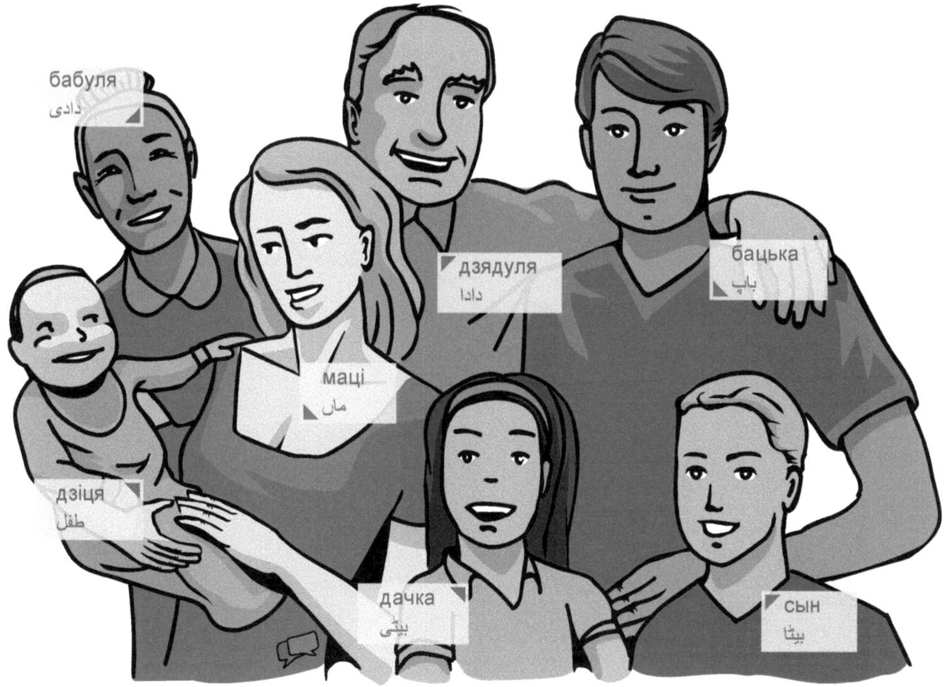

бабуля
دادی
дзядуля
دادا
бацька
باپ
маці
ماں
дзіця
طفل
дачка
بیٹی
сын
بیٹا

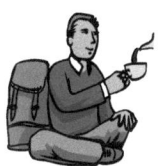

госць

مہمان

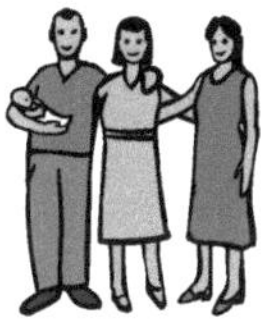

цётка

چچی

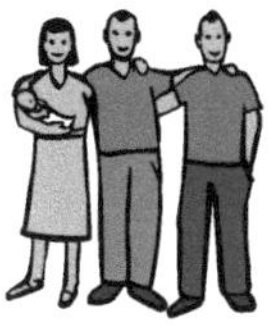

дзядзька

چچا

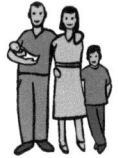

брат

بھائی

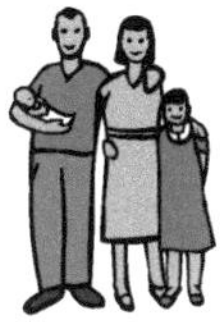

сястра

بہن

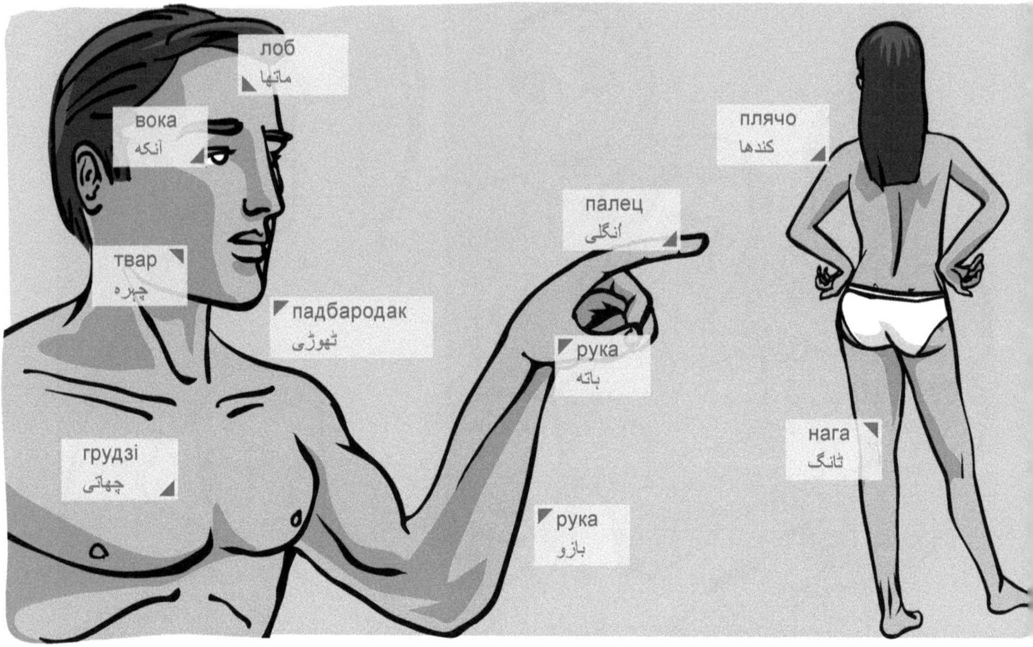

лоб
ماتھا

вока
آنکھ

плячо
کندھا

палец
انگلی

твар
چہرہ

падбародак
تھوڑی

рука
ہاتھ

грудзі
چھاتی

рука
بازو

нага
ٹانگ

дзіця

طفل

мужчына

آدمی

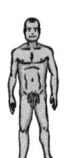

жанчына

عورت

дзяўчынка

لڑکی

хлопчык

لڑکا

галава

سر

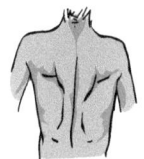

спіна

كمر

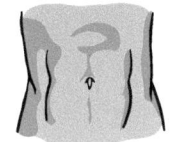

жывот

پیٹ

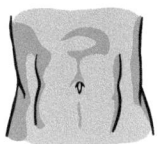

пуп

ناف

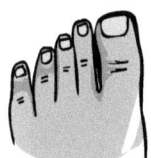

палец нагі

پاؤں کا انگوٹھا

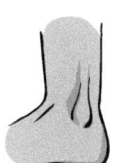

пятка

ایڑھی

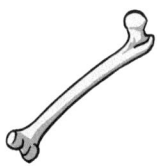

костка

ہڈی

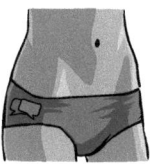

бядро

كولہا

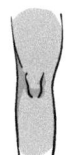

калена

گھٹنا

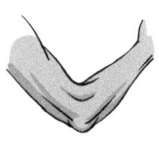

локаць

كہنی

нос

ناك

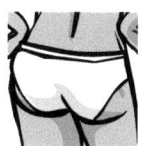

ягадзіца

نچلا حصہ

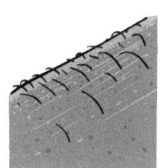

скура

جلد

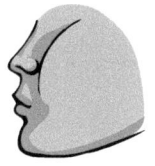

шчака

گال

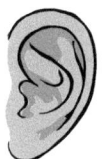

вуха

كان

губа

ہونٹ

рот

مُنہ

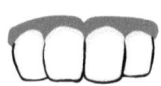

зуб

دانت

язык

زُبان

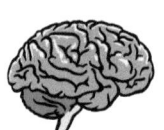

галаўны мозг

دماغ

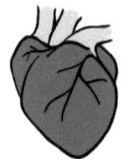

сэрца

دل

мышца

پٹھہ

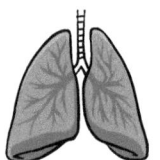

лёгкае

پھیپھڑا

пячонка

جگر

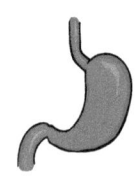

страўнік

معدہ

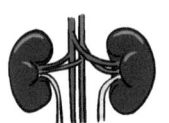

ныркі

گردے

сэкс

جنس

прэзерватыў

کنڈوم

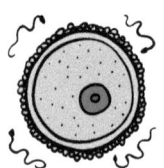

яйцаклетка

بیضہ

сперма

مادہ منویہ

цяжарнасць

حمل

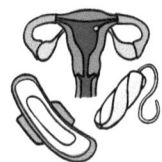

менструацыя

حيض

похва

اندام نهانى

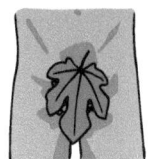

пеніс

عضوتناسل

брыво

بهنويں

валасы

بال

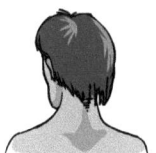

шыя

گردن

шпіталь

ہسپتال

шпіталь
ہسپتال
машына хуткай дапамогі
ایمبولینس
інваліднае крэсла
وہیل چیئر
пералом
ہڈی ٹوٹنا

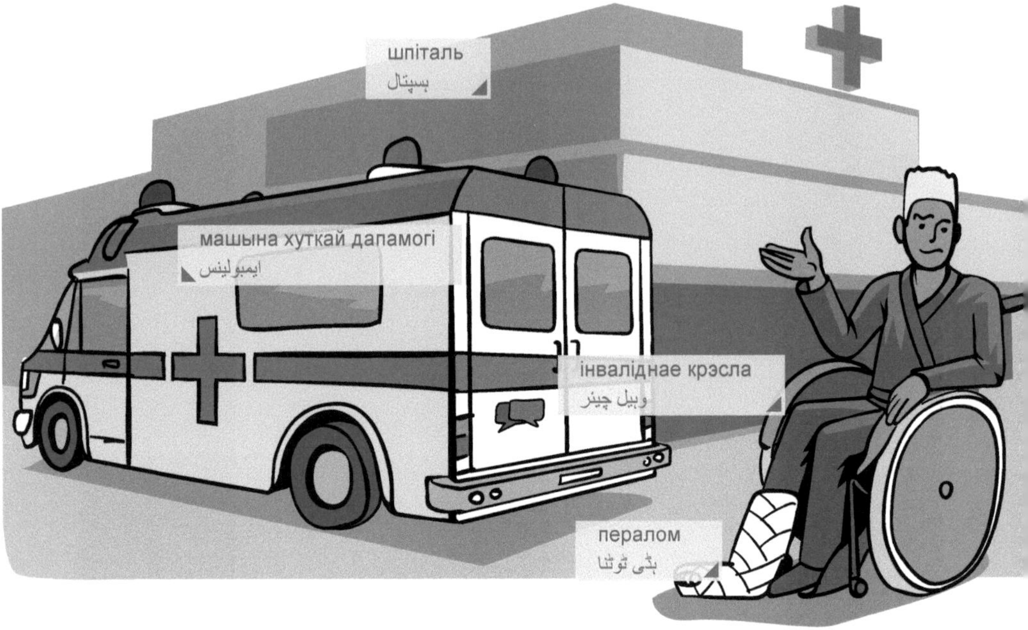

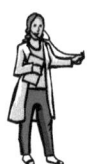

доктар

ڈاکٹر

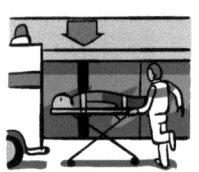

аддзяленне першай дапамогі

ہنگامی کمرہ

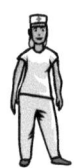

медсястра

نرس

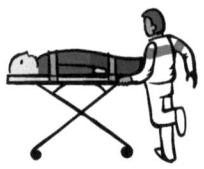

экстраная дапамога

ہنگامی صورتحال

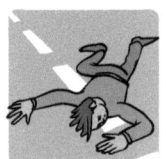

непрытомны

بےہوش

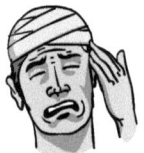

боль

درد

траўма

زخم

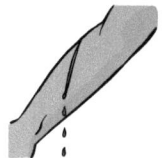

крывацёк

خون بہنا

інфаркт

دل کا دوره

апаплексія

فالج

алергія

الرجی

кашаль

کھانسی

гарачка

بخار

грып

زکام

панос

اسہال

галаўны боль

سردرد

рак

کینسر

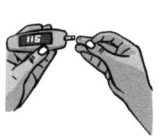

дыябет

ذیابیطس

хірург

سرجن

скальпель

نشتَر

аперацыя

آپریشن

КТ

سی ٹی

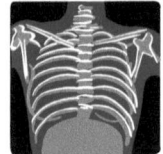

рэнтген

ایکس رے

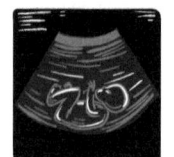

ультрагук

الٹراساؤنڈ

маска

چہرے کا نقاب

хвароба

بیماری

пачакальня

انتظارگاہ

мыліца

بیساکھی

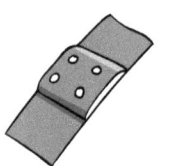

пластыр

پلاسٹر

бінт

پٹی

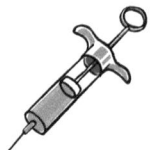

ін'екцыя

انجکشن

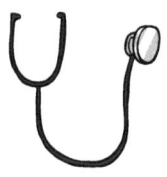

стэтаскоп

اسٹیتھو اسکوپ

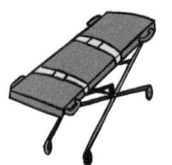

насілкі

اسٹریچر

градуснік

مطبی تھرما میٹر

нараджэнне

پیدائش

лішняя вага

حد سے زیادہ وزن

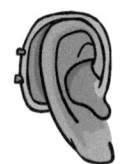

слухавы апарат

آلہ سماعت

дэзінфекцыйны сродак

جراثیم کش

інфекцыя

انفیکشن

вірус

وائرس

ВІЧ/СНІД

ایچ آئی وی/ ایڈز

лекі

دوا

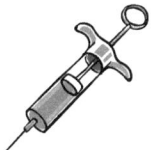

прышчэпка

ویکسی نیشن

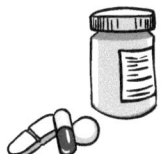

таблеткі

گولیاں

супрацьзачаткавая таблетка

گولی

экстраны выклік

بنگامی کال

танометр

بلڈ پریشر مانیٹر

хворы / здаровы

بیمار/ صحتّمند

Ратуйце!

مدد!

сігналізацыя

الارم

напад

مُجرمانہ حملہ

атака

حملہ

небяспека

خطرہ

аварыйны выхад

هنگامی راستہ

Пажар!

آگ!

вогнетушыцель

آگ بُجهانے والہ آلہ

аварыя

حادثہ

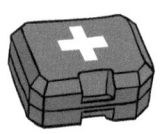

аптэчка

ابتدائی طبی امداد کی کٹ

СОС

ايس او ايس

паліцыя

پوليس

Еўропа

یورپ

Паўночная Амерыка

شمالی امریکہ

Паўднёвая Амерыка

جنوبی امریکہ

Афрыка

افریقہ

Азія

ایشیا

Аўстралія

آسٹریلیا

Атлантычны акіян

بحر اوقیانوس

Ціхі акіян

بحر الکاہل

Індыйскі акіян

بحر ہند

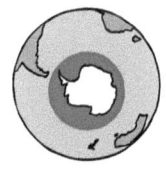

Паўднёвы ледавіты акіян

بحر قطب جنوبی

Паўночны ледавіты акіян

بحر قطب شمالی

Паўночны полюс

قطب شمالی

Паўднёвы полюс

قُطب جنوبی

Антарктыда

انٹارکٹیکا

Зямля

زمین

краіна

زمین

мора

سمندر

востраў

جزیرہ

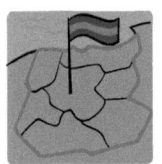

нацыя

قوم

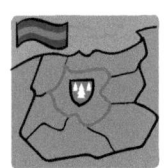

дзяржава

ریاست

цыферблат

كلاك كا سامنے كا حصہ

гадзінная стрэлка

گھنٹوں والی سوئی

хвілінная стрэлка

منٹوں والی سوئی

секундная стрэлка

سيكنڈ ہینڈ

Колькі часу?

كيا وقت ہوا ہے؟

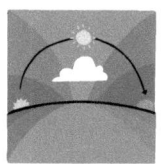

дзень

دن

час

وقت

зараз

اب

электронны гадзіннік

ڈیجیٹل گھڑی

хвіліна

منٹ

гадзіна

گھنٹہ

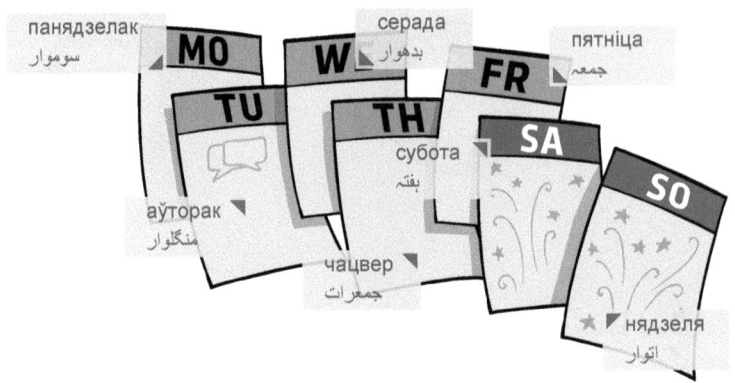

панядзелак سوموار — MO
серада بدهوار — W
пятніца جمعه — FR
аўторак منگلوار — TU
чацвер جمعرات — TH
субота هفته — SA
нядзеля اتوار — SO

ўчора

گزرا کل

сёння

آج

заўтра

کل

раніца

صبح

абед

دوپهر

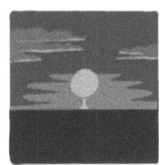

вечар

شام

MO	TU	WE	TH	FR	SA	SU
1	2	3	4	5	6	7
8	9	10	11	12	13	14
15	16	17	18	19	20	21
22	23	24	25	26	27	28
29	30	31	1	2	3	4

працоўныя дні

کاروباری دن

MO	TU	WE	TH	FR	SA	SU
1	2	3	4	5	6	7
8	9	10	11	12	13	14
15	16	17	18	19	20	21
22	23	24	25	26	27	28
29	30	31	1	2	3	4

выхадныя

ہفتے کا اختتام

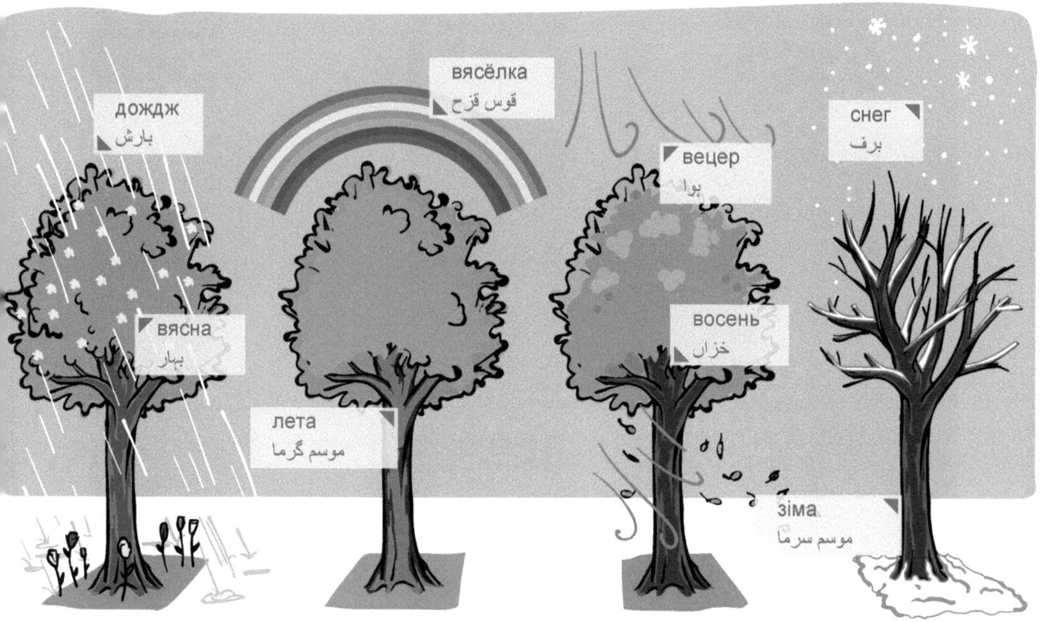

дождж
بارش

вясёлка
قوس قزح

снег
برف

вецер
ہوا

вясна
بہار

восень
خزاں

лета
موسم گرما

зіма
موسم سرما

прагноз надвор'я

موسمی پیش گونی

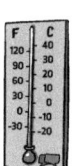

градуснік

تھرما میٹر

сонечнае святло

دھوپ

воблака

بادل

туман

دُھند

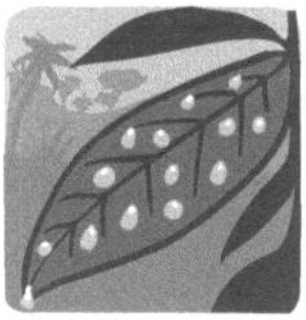

вільготнасць паветра

حبس

маланка

بجلی کوندھنا

гром

بادلوں کی گرج

бура

طوفان

град

ژالہ باری

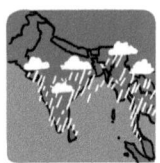

мусонны вецер

مون سون

прыліў

سیلاب

лёд

برف

студзень

جنوری

люты

فروری

сакавік

مارچ

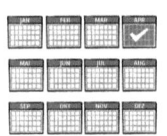

красавік

اپریل

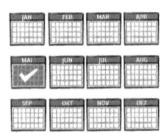

май

مئی

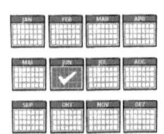

чэрвень

جون

ліпень

جولائی

жнівень

اگست

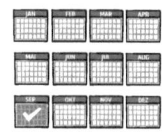

верасень

ستمبر

кастрычнік

اكتوبر

лістапад

نومبر

снежань

دسمبر

круг

دائره

квадрат

چوكور

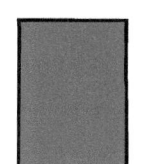

прамавугольнік

مُستطيل

трохвугольнік

تكون

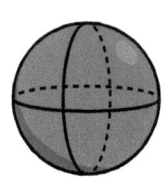

шар

گره

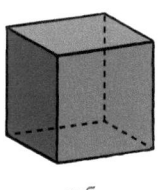

куб

مكعب

белы

سفید

жоўты

پیلا

аранжавы

نارنجی

ружовы

گلابی

чырвоны

سُرخ

фіялетавы

جامنی

сіні

نیلا

зялёны

سبز

карычневы

بھورا

шэры

مٹیالا

чорны

سیاه

шмат / мала

بہت زیادہ / بہت کم

злы / добры

ناراض / پُرسکون

прыгожы / брыдкі

خوبصورت / بدصورت

пачатак / канец

آغاز / اختتام

высокі / малы

بڑا / چھوٹا

светлы / цёмны

روشن / اندھیرا

сястра / брат

بھائی / بہن

чысты / брудны

صاف / گندا

поўны / няпоўны

مکمل / نامکمل

дзень / ноч

دن / رات

мёртвы / жывы

زندہ / مُردہ

шырокі / вузкі

چوڑا / تنگ

ядомы / неядомы

کھانے کے قابل ہونا / کھانے کے قابل نہ ہونا

злы / добры

بُرا / اچھا

узбуджаны / нудны

پُرجوش / بوریت کا شکار

тоўсты / тонкі

موٹا / دُبلا

першы / апошні

پہلا / آخری

сябар / вораг

دوست / دُشمن

поўны / пусты

بھرا ہوا / خالی

цвёрды / мяккі

سخت / نرم

важкі / лёгкі

بوجھل / ہلکا

голад / смага

بھوک / پیاس

хворы / здаровы

بیمار / صحتمند

нелегальны / легальны

غیرقانونی / قانونی

разумны / дурны

عقلمند / بیوقوف

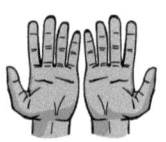

левы / правы

بائیں / دائیں

побач / далёка

نزدیک / دور

новы / былы ва ўжыванні

نیا / پُرانا

нічога / нешта

کچھ نہیں / کچھ ہے

стары / малады

بوڑھا / نوجوان

укл / выкл

آن / آف

адчынены / зачынены

کھلا / بند

ціхі / гучны

خاموش / بُلند آواز

багаты / бедны

امیر / غریب

правільна / няправільна

ٹھیک / غلط

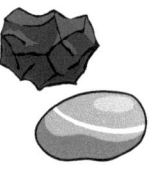

шурпаты / гладкі

کھُردرا / ہموار

сумны / шчаслівы

افسردہ / خوش

кароткі / доўгі

مُختَصر / طویل

павольны / хуткі

آہستہ / تیز

вільготны / сухі

گیلا / خُشک

цёплы / халаднаваты

گرم / ٹھنڈا

вайна / мір

جنگ / امن

0

нуль

صفر

1

адзін

ایک

2

два

دو

3

тры

تین

4

чатыры

چار

5

пяць

پانچ

6

шэсць

چھ

7

сем

سات

8

восем

آٹھ

9

дзевяць

نو

10

дзесяць

دس

11

адзінаццаць

گیاره

12

дванаццаць

بارہ

13

трынаццаць

تیرہ

14

чатырнаццаць

چودہ

15

пятнаццаць

پندرہ

16

шаснаццаць

سولہ

17

сямнаццаць

سترہ

18

васямнаццаць

اٹھارہ

19

дзевятнаццаць

انیس

20

дваццаць

بیس

100

сто

سو

1.000

тысяча

ہزار

1.000.000

мільён

دس لاکھ

англійская

انگریزی

англійская (Амерыка)

امریکی انگریزی

кітайская мандарынская

چینی مینڈارین

хіндзі

ہندی

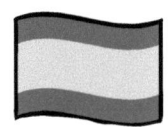

іспанская

ہسپانوی

французская

فرانسیسی

арабская

عربی

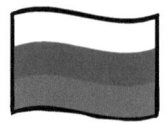

руская

روسی

партугальская

پُرتگالی

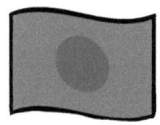

бенгальская

بنگالی

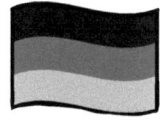

нямецкая

جرمن

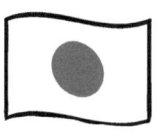

японская

جاپانی

я

میں

ты

تَم

ён / яна / яно

وہ (لڑکا) / وہ (لڑکی) / یہ

мы

ہم

вы

تَم

яны

وہ

хто?

کون؟

што?

کیا؟

як?

کیسے؟

дзе?

کہاں؟

калі?

کب؟

імя

نام

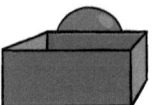

за

پیچھے

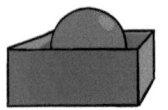

у

میں

перад

کے سامنے

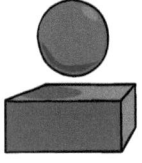

над

اوپر

на

پر

пад

نیچے

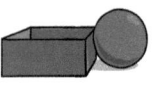

каля

ساتھ

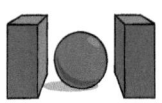

паміж

درمیان

месца

جگہ